Nuove Postille Italiane Al Vocabolario Latino-Romanzo

Carlo Salvioni

In the interest of creating a more extensive selection of rare historical book reprints, we have chosen to reproduce this title even though it may possibly have occasional imperfections such as missing and blurred pages, missing text, poor pictures, markings, dark backgrounds and other reproduction issues beyond our control. Because this work is culturally important, we have made it available as a part of our commitment to protecting, preserving and promoting the world's literature. Thank you for your understanding.

NUOVE POSTILLE ITALIANE
AL VOCABOLARIO LATINO-ROMANZO.

Nota

del S. C. Carlo Salvioni

La lieta accoglienza che hanno avuto le *Postille italiane al Vocabolario latino-romanzo*, stampate nelle Memorie di questo Istituto (vol. XX, pp. 255-78), mi ha invogliato a communicare la nuova serie che qui segue. Alla quale contribuiscono sì in larga misura i volgari d'Italia, ma anche i dialetti ladini. I miei fonti, per questa parte, sono stati l'Ascoli (Archivio glottologico italiano I; VII 426 sgg.; IV 334 sgg.), e le raccolte lessicali del Carisch, del Pallioppi (Engadina), del Conradi e del Carigiet (Sopraselva), dell'Alton (Ladinia centrale), e del Pirona (Friuli).

Il carattere di vere 'postille' che hanno queste mie note, valga poi a scusarmi se non sempre è ricordato chi primo ha messo a riscontro il termine latino e il volgare. Si tratta il più delle volte di intuizioni ben ovvie. Ma, ovvie o peregrine che siano, mi affretto a dire come non intenda io già di arrogarmi priorità nessuna, e ben volentieri ripeta la mia ispirazione da quello fra gli studiosi, — l'abbia io o non l'abbia menzionato, — che in ogni singolo caso può vantarsi d'avere primo riconosciuto il vero.

NB. Si richiamano gli avvertimenti premessi alla prima serie. — Per 'grig.' intendo una voce comune a più d'una varietà grigione, se anche la forma allegata spetti piuttosto all'una che all'altra di queste varietà; per 'lcent.' intendo 'ladino centrale', e s'adopera la sigla anche per voci che ci sian date da una sola varietà; 'valmon.' dice 'Val Monastero'. — 'Arch.' sta per 'Archivio glottologico italiano'; la qual rivista anche si allega colla sola cifra del volume, purchè a questa preceda 'Asc.' o 'Ascoli'. — L'asterisco posposto alla voce con cui s'apre l'articolo, indica che della voce già è tenuto conto nella prima serie di queste Postille.

aberrāre: sard. *aerrare* errare.
ablēs*: lig. *avè -èo* (1), friul. *lavadin*. — E il regolare *-v-* compare anche in bresc. *avéç*, ecc., Mussafia, Beitr., 27.
abortāre*: tosc. *aortare* sconciare, aret. *aortére*.
abortīre*: piem. *aortì av-*.
abrŏtonum*: piem. *avreu* e *laoreur*.
absentium*: friul. *sinz*, bassoeng. *usénts*, Pult, Le parler de Sent, 68.
abundāre*: nap. *aonnare*.
abŭnde*: friul. *avónde* abbastanza.
ac; v. Ascoli, XIV 468; e la congiunzione latina ci darà pure ragione dell'*a* e della susseguente geminata di *diciassette diciannove*.
acceia (75): bresc. *arsia*, nap. *arcera*.
acclīnāre (85): a. lomb. *aginar*, Seifert, Glossar zu Bonv., 2.
acer -ĕris*: bol., bresc., trent. *ás'er*, friul. *djar*.
acĕrbus: emil. *as'erb*, piem. *s'ęrb*, lomb. *žę́rb*, cioè **ģęrbo*, sard. *chervu*, engad. *uschiero* e *dschiervi* (cfr. piem. lomb. *žę́rbi* q. 'gerbido') caldo umido, malsano, friul. *žerv*, ecc., Ascoli I 491 n.
acīdula: engad. *uschievla* acetosella, basso-engad. *arschü'cla* (2), posch. *scigola* (=ži-), borm. *anģigula*, friul. *asèdule* acetosa.
acĭdus*: lcent. *áge*, friul. *asium* 'acidume', aceto di latte.
acĭnus*: friul. *ásin*; ma il sard. *ághina* sarà da ACINA.
acus (128; M.-L.): aret. *éca*, romag. *égh* e *équr* (3), ven. *avéta* gugliata.
adaequāre (M.-L): aait. *ainguar*, Arch. XII 386, *adeguar* Bonv.
adŭlter (241): aait. *adoltro, -voltro*, G. st. d. lett. it. VIII 417, Arch. XII 390.
advocāre*: sopras. *vugau*, engad. *avuó*, tutore, a. friul. *avojdl* avvocato, Arch. I 521, basso-eng. *guiea* sindaco, ib. 140, 150 n.
aer*: sottos. *er*, friul. *djer*, Asc. I 137.
aestĭmāre (280): eng. *astmer*, basso-eng. *schmar* credere.
aestus: nap. *ire gnestra* venire in caldo, abruzz. *jèstę* aggett. di cagna in calore, romagn. *èstar* tafano.

---

(1) V. Penzig, Flora popolare ligure (Genova, 1897).
(2) Di questa forma tratta il Meyer-Lubke, R. gr. I 412, che pensa a **acedula*, e il Pult, o. c. 104 che ricorre ad **aciducula*. Ma di questa base non abbiam punto bisogno, *-ü'cla* essendosi certo sostituito a un anteriore **-écla*. Per *-iévla*, v. *tieula* taedŭla.
(3) Già il Mussafia, Romagn. m. § 161, ha visto che si tratti qui dell'a. plur. *ágora*. Un secondo esempio, pure emiliano, gli s'aggiunge nel mod. e parm. *ló-* e *lō'gar* 'luogo' podere.

affligere*: l'*afi-* di Bonv. ha bel conforto da *affligi*, afflitti, dove il *-fl-*, naturalmente, sarà una ricostruzione; cfr. D 86, 148.

alauda (348): a. ven. *loa*, Mussafia, Beitr. 74.

allectāre: it. *allettare*.

alucus (485; Nachtr.). La base col *c* scempio si continua nel gen. *allod* stordire.

alvĕus*: engad. *arbuol* madia.

ambŭlāre (509): aait. *ambio* Arch. VII, 5. 22, trent. *ámbi*.

anguis*: friul. *mágne*, dove il *m-* sarà dal sinonimo *madrácc*, o per dissimilaz. da **ndgne=* [u]n'ang'-. V. invece, Meyer-Lübke, R. gr. II 70.

antae*: sard. *anta* siepe, uscio, uscio del forno, ridosso, valmon. *aunta*.

ăpis (631): trent. *af*, bellun. *ava*, lcent. *ef*.

applĭcāre (659. M.-L.): calabr. *acchicare* raggiungere (Scerbo).

aprīcus*. Il Guarnerio, Arch. XIV 386, m'avverte essere la voce sarda uno spagnolismo.

aprīlis*: emil. *avril*, piem. *avri*, grig. *avrigl*, friul. *avril*, lcent. *aori*.

aquārius*: sard. *abbarzu*, friul. *agár*, solco.

arānĕus (689): piem., tic. *ardñ*, gen. *agnu*.

arborētum (M.-L.): piem. *arbrei*.

arĕa (716); vedrei, col Gartner, questa base, fatta prima mascolina, nel sopras. *ér* campo, dove l'Ascoli, Arch. I 95 n, penserebbe a *agru*. Di AREA fatto mascolino, v. ancora Zeitschrift f. rom. phil. XXII 470-71.

areālis: sopras. *iral* aja; Asc. I 9.

argentum (723): a. lomb. *arienta*, friul. *arint*.

ariēs*: gen. *aeo*.

armārium*: a. ven. *almer*, Mussafia, Beitr. 25, lcent. *armé*.

armĕntum (737): trent., bellun. *armenta* vacca.

armilla: trent. *armélla* collare.

artĭculus (781): sopras. *dartùigl* 'd. äussere Mittelgelenk d. Fingerknochen'. Meyer-Lübke, II, Rom. gr. § 423.

assĕqui: engad. *azziever* Asc. I 210, sic., cal. *assecutari*.

atrĭplex (873): nap. *atrépece*, friul. *redrèpis*, *redréps*.

audēre; si considerino le forme alto-it. come *aldegar*, di cui ap. Mussafia, Beitr. 25.

aurifĕx*: engad. *urais*, friul. *orési* Asc. I 503.

aurōra: sottos. *orur*, Asc. I 132 (1).

avĭdus: lcent. *audé* desiderare.

avŭnculus (949): sopras. *auh*, Asc. I 69, Tappolet, Die rom. Verwn. 93.

avus*: trent. *ao*, e v. Tappolet, o. c. negli Indici.

axĭculus (952): sopras. *ischèlg*, engad. *ischigl*, Ascoli, Arch. I 50.

---

(1) Cfr. il sard. *aurore*, per cui s'ammette (Post. s. 'albor') l'incontro di 'albōre' o di 'aurōra'.

bajāna (1): aret. *bagiana*, gen. *-śdùa*, fava fresca sgranata, lomb. *baźána* fava vernina, berg., monf. *bas'anǫ́t*, fava fresca, fagiuolo verde in baccello, mesolc. *baǵána*, cal. sic. *vajana*, bacca, baccello.

bajŭlus*: engad. *bela* balia, e *bara*; trent. *bazilom*, vallanz. *baggialün*, levent. *biźarúj*, Zst. XXII 466.

batillum (1079). La base è forse direttamente continuata nel valcanobb. *badé* (*-é* = *-éllo*).

bēta*: romagn. *bèdla*.

bĭdens*: abruzz. *bedènde* bidente, engad. *badaint* doppio dente.

bīma*: *bima*, capra che non figlia all'epoca voluta, l'ho udito io stesso a Biasca e a Cavagnago di Leventina.

bĭvium (1228): ven. *bibiár* tentennare, Marchesini, Studi di fil. rom. II 7, e rivien qui senz'altro il canav. *bibjar* tremare, per cui il Nigra, Arch. XIV 358, tenta un'altra dichiarazione.

blītum (1257. M.-L.): piem. *bión*, *biónα*, friul. *bledón*.

bŏreas*: mirand *búara*, friul. *buèra*.

brassĭca: lucch. *braschette* piccole foglie di cavolo.

brūchus (1363): aret. *bruga* bruco piuttosto grosso.

bubŭlcus (1380): engad. *buolch* pastore di buoi.

būris*: sopras. *bural*, bresc. *labœr*.

*buxĭda (1438): basso-eng. *bušla*, Pult, 127.

cabanna (1448. M.-L.): *cavanna*, greggo, armento, cascina, trovo più volte in uno Statuto manoscritto di Valle Antrona del sec. XVII; engad. *chamanna*, ecc., Zeitschrift f. rom. phil. XXII 467 (2).

caecāre*: friul. *cejá* abbarbagliare.

caecĭlia*; v., ora, anche Nigra, Arch. XIV 271. — Circa alla forma soprasilvana, io ricordo d'avere udito *ćarźéla* da gente di Flims.

caecus*: valtell. *scéga*, che trovo in mie raccolte personali, piem. *ćéa*, nebbia, ecc., Zeitschrift f. rom. phil. XXII 467; berg. *sec* fem. *sega*, non

---

(1) Così secondo la ediz. vulgata di Apicio; ma la voce non è riconosciuta nè dal Georges, nè dal Forcellini, nell'ediz. ch'io posso consultare, nè dal Klotz. La lezione ha invece, come si vede, bella conferma dai volgari d'Italia. — Cfr. l'ed. di Apicio del Schuch (2ª ediz., 1874), p. 113. — Che la voce latina poi si connetta con BĀJAE, come da parecchi è stato affermato, risulterà tanto più probabile, in quanto, secondo l'informazione che ne dà il Redi (ap. Fanfani, U. t., s. 'bagiana'), le fave più grosse, che si seminano negli orti di Firenze e di Arezzo « son mandate ogni anno dal regno di Napoli », e in quanto ci sia la fava 'napolitana' e la 'beneventana'; v. le Postille s. 'beneventanus'.

(2) Deve poi essere *chavanne* in qualche varietà dialettale della Francia. E il ven. *cavána* (v. il Boerio) si potrà pure qui ricondurre.

salato (cfr. levent. *polenta o'rba* polenta senza burro); grig. *tschiera* nebbia; lcent. *çe'dl* guercio, q. 'ciecolo', Asc. I 355.

caedĕre*: sopras. *tschisa* scompartimento nel fienile, friul. *cise* siepe, dove si sente RECĪSUS. Per *ciesa*, ecc., v. anche Mussafia, Beitr. 124.

caedes: a ven., a. bol. *ceda*, mod. *zeda zdon*, siepe di rami secchi. V. il Galvani, e Mussafia, Beitr. 123, 124.

caementum (1469): lcent. *cioment* spazzatura.

caepŭla*: vald. *çiulo*, Morosi, Arch. XI 332. E sarebbe ben importante, ove fosse per ogni verso sicuro, il monf. *cippia*, vocabolo antiquato per 'cipolla' (Ferraro, 2ª ediz.).

calăthus*: veron. *cálto*, cassetto, come ha la bontà di avvertirmi il signor conte Francesco Cipolla da Verona, trent. *cáltro*.

calceamentum (M.-L.): grig. *chüzzamainta* (Carisch, Nachtrag s. 'chūzär').

calendārius: aret. *calendéo* calendario.

caligārius*: grig. *chalger*.

calīgo*: bresc. *cali*, friul. *čalin*.

calīx*: engad. *chalsch*, lcent. *cálege*.

calŭmniare (1516): nap. *ca- scalognare* ripetere il suo dal debitore.

calx (1522): calabr. *cace*.

calx (1523): lcent. *chaoce*.

campa: nap. *campa* bruco (1).

cannabĭus: lcent., friul. *čanápie, –dipa, –épa*, canape.

cannăbum (1583): nap. *cánnevo –lo*.

cantatrīx: piem. *cantaris* strillozzo.

cantbărus*: gen. *cántia*.

canthērius (1587; M.-L.): log. *cantersu* guancia, Guarnerio, Arch. XIV, 391, lomb. *cantir* antenna per ponti da fabbrica, abr. *candére* mucchio del grano.

cānus (1593): sard. *canu* canuto, grig. *chaunas* canizie, vecchiaja.

capistērium*: roman. *capischiere*.

capitālis*: ven. *cavedal*, a. gen. *cavear*, Flechia, Arch. VIII 337, friul. *çhavedál* capitale, e alare.

capitellum*: Mussafia, Beitr. 43, engad. *chavadel*.

capitula (1614): ven. *caécia*, nap. *cavecchia*, D'Ovidio, Gröber's gr. 18 n.

capitulum*: sard. *cabiju* capezzolo.

carăbus (1644): sard. *cávuru* granchio di mare (Rolla); e v. Nigra, Arch. XIV 277; Zeitschrift f. rom. phil. XXII 471-2.

carbŭnculus (1651): nap. *cravunchio*; mil. *carbonšęl*.

carduēlis: *cardello –llino*, nap. *cardillu*, ecc., a. ven. *gardello*, Mussafia,

---

(1) Ma non credo si possa a questa base ridurre il valsoan. *jambola*, lomb. *cámola*, lad. *chiamóla*, ecc. V. Nigra, Arch. III 38.

Beitr. 62. — Una forma con -*l-* ci è documentata nel lig. *gardainu* (= *carda-r-inu = *-a-l-i*), ch'io ho dal Giglioli.

carēctum*: engad. *charŏt* (Pall.).

carĕx*: bresc., trent., veron. rust. *careza* (*-tsa*); e non riverrà qui, per la via di *kerecchia, il tosc. *crècchia* scopa, erica (1)?

carles*: nap. *càrola* tarlo.

carminare (1669): a. orv. *carminare* nevicare; v. Miscellanea nuziale Rossi-Teiss 408; parm. *scarmignar* pettinare la lana, romagn. *sgramñé* districare, a. gen. *carminare*, Flechia, Arch. VIII 337.

carnātio: it. *carnagione*.

carōta: sarà popolare, malgrado l' *ué* (2), il friul. *çharuèdule* pastinaca (3).

carpĕntum (1684): sopras. *carpiènts*, Asc. VII 410-11 n, engad. *charpaint -baint*, valtell. *crapéna*, ecc., Zeits. f. r. ph. XXII 468, friul. *çharpint* sala.

carrūca*: lcent. *carü'ja*, Asc. I 370 n, friul. *çharudiell* **çharu[j]èll*, engad. *charrücla* (4).

cartallus: sard. *scarteddu* cesta, sic. *cartèdda* corba di vimini.

cascus (1702): sopras. *casč*, Asc. VII 410, bresc. *raa casca* rapa senza zugo.

caseŏlus (1705; M.-L.) tic. *cas'ò' ča-*, caciuola, forma piccola di cacio grasso.

catasta (1732): agord. *cadàstra*, Asc. I 404, romagn. *cadàssa*.

caudĭceus: valtell., bellinz. *scodéscia* ritortola, giunco, vimine.

caulis*: romagn. *còl*.

cavea*: sopras. *cabgia -vgia*, friul. *sçhaipie*.

cellārium*: basso-engad. *schler*, sopras. *tschellé*, lcent. *ciullé*.

centipellio: sard. *kentupuione*, ecc., Guarnerio, Arch. XIV 401.

centŭnculus: it. *centonchio*.

cēpa (1796): friul. *çève*.

cĕphalus (v. il Georges s. 'capito'); ven. *çiévolo* cefalo, bol. *zéver*, mil. *sévol*.

cepŭlla*: sopras. *tschiguolla*, ecc., Asc. I 61, *tschufluns* q. 'cipolloni'.

cĕrnere*: sopras. *tscherner*, sottos. *tschierner*, Asc. I 126, lcent. *ciérder* ib. 370 n, friul. *cèrni*.

cernĭcŭlum*: nap. *cernicchio* staccio; engad. *tscharnaglia* ciocca di cappelli; e v. anche Guarnerio, Arch. XIV 155, Mussafia, Beitr. 102 n.

cerŭssa*: bresc. *seróç* sinopia.

cervīx (1823): tic. *šürbyd*, sard. *scerbigai*, a. abruzz. *scervicare*; v. Miscellanea Rossi-Teiss 416.

characlas (2906): trev. *scaratzo* (Ninni), ramo della grossezza di circa un braccio umano, lomb. *caràš*, ecc., v. Bollett. st. d. Svizz. it. XVII 104 n, XIX 148.

---

(1) V. il Petrocchi e il Tommaseo. L'*é* potrebbe spiegarsi dall'influenza di *caretto*.

(2) Dovuto forse a *rueda*.

(3) Soggiunge il Pirona che una varietà di pastinaca ha una radice grossa, carnosa come quella delle carote.

(4) L'alternare che fà in molte voci *cl* con *tl*, ci spiega poi *charrütla*.

chelīdŏnĭa (ce–)*: veron. *zelegogna*, lig. *ziriŏgna* (Penzig), friul. *ciluigne*.

cibārĭa*: umbr. (Città di Castello) *ciovéa civéa* gran cesta di vimini, engad. *svera, tschivera, -viergia*, pasto che si porta al pastore sull'alpe, friul. *civiére* barella, lcent. *cevira*.

cĭcĭndēla (1872): aait *cixende*, ecc., Arch. XII 395, a. piem. (*lo*)*chesender*, Romanische Studien IV 90.

cĭcūta*: parm. *sguda*, piem. *erba sūa, sūassa*.

cĭnerārĭus: borm. *čendré* focolare.

cīlĭum: grig. *tscheigl*, ecc.

cĭppus (1900): lomb. *šep*, grig. *tschepp*.

cĭrca (1902): a. ven. *cerca*, Asc. III 250 n.

cĭrcĭnāre*: a. pad. *incercenar*, levent. *sarčañģ*, cioè *circiniare, scapitozzare, [spagn. *cercenar*] (1).

cĭthara (1917): a. ven. *cedra*, Zeits. f. r. phil. XVIII 19, engad. *tschaidra*.

clāmōr (1928): ven. *chiamor* clamore.

claudĕre*: piem. *čǫ́de*, levent. *čoud*, sopras. *clauder, cladir*.

claustrum (1937): friul. *clòstri* catenaccio.

clāva*: giudic. *glavádula* legnetto della spola, Gartner, gloss, valmagg. *ižavazá* colpo di bacchetta.

clāvŭla: giudic. *čáula* piccolo ramoscello secco, Gartner, gloss.

***clēta** (1948): piem. *čéa*, Nigra, Arch. XIV 467; Zeits. für r. ph. XXII 467.

clīvus: valtell. *clif* e *clęf* (Bormio) clivo, che sarà ben legittimo, visto che a Ponte, nella stessa valle, si ha *čęf* (2).

cŏccum*: piem. *cocǫ́la*.

cōdex (1988): a. ven. *codego* codice, Asc. III 278, sopras. *cůdesch* libro.

cōgĭtāre*: sopras. *quitar*.

cognātus (1993): grig. *quinau*.

collēgĭum: aait. *coleo*, Arch. XII 396.

collĭgere (2009): engad. *clíjr*, partic. *clit* =collectus, Asc. I 212, 209.

cŏlŏstrum -a: tic. *colő'štru, késtru*, friul. *cajóste*.

cōlum*: engad. *cul*.

commeātus (2042): lomb. *scombjá*, sopras. *cumngiau*.

complēta*: piem. *compia*.

compŭtāre (2059): lcent. *compedé*.

condīre (2075): sopras. *cungir*.

conflāre (2085): sopras. *cuflár*, tic. *ģü'fi*, ecc.; v. Studi di filol. rom. VIII 34.

congĭus (2093): trent. *conz* tinella, *conzál* bigoncia, friul. *cuinz* bigoncio.

---

(1) Si vede *cercená*, circondare, commisto a 'tornare', nel friul. *torçená*, Asc. I 530.

(2) Non so vedere con sicurezza se la fonetica dei luoghi consenta *ę = ī*. Non mi pare; ma cfr. in ogni modo il friul. *cléve*, Asc. I 493 n.

consĭdĕrāre (2111): sopras. *cuschidrar*, Asc. I 201.
consuēta: sopras. *kuseida* consuetudine, Asc. XIV 344.
convĭvĭum (2160): tosc. *combibbia*, Parodi, Romania XXVII 238.
copŭlāre: engad. *acuflér*, Asc. I 198.
*****cornacŭla** (2190): sard. *carroga*, e la metatesi tra vocali già l'aveva avvertita il M.-L., Rom. gr. II 469.
cornĭcŭlum: sic. *curnicchiu* cornicino, romagn. *cornéć* legume.
corylus*: grig. *cǫller*.
cŏssus*: sopras. *tgess* (pl. *coss*) crisalide, trent. *còs* larva del maggiolino, parm. *cœus* zecca (Malaspina, Giunte).
cŏtĭnus: it. *scǫtano* (1), bresc. *scö'den*, romagn. *scódan*, friul. *sgòdin*.
crabro*: friul. *calavron*, e *gra- grivón*, bresc. *graú*, da *gravròn*.
cratĭcula (2240); v. Mussafia, Beitr. 65, it. *scatricchio*, D'Ovidio, Gröber's gr. 501.
cratis*: tosc. *catro*, Zeitschr. f. r. ph. XXII 467.
crēdĭtus*: mirand. *critt* creduto, grig. *cret*, *creta*, lcent. *crètta* fiducia, friul. *cret* fededegno.
crepāre*: friul. *crevá* frangere, rompere.
crudēlis*: a pad. *cruele*, Wendriner, Ruz. § 68.
cruĕntus (2292): engad. *criaint* piagato, ferito.
cŭbĭtāre: sopras. *quidar* covare.
cŭcŭma (2307): mirand. *cùlma*, blen., engad. *còma* *–mma*, trent. *códoma*.
cŭmba: lomb. *combál* la più grossa nave da carico.
cunĭculus*: trent. *cornicio* condotto sotterraneo, basso-eng. *kunilár* far un condotto sotterraneo, Pult, o. c., 102. — In quanto la voce dica 'coniglio': berg., bresc. *conéć –ić*, bresc. *conecia* feconda, bellun. *–ićo*, valtell., blen. *–ić*; v. Ascoli XIII 433.
cŭpĭdus*: engad. *cufdus*.
cursōrius*: it. *corsǫjo*.
cydōneus*: sard. *tidonzu*.
cylĭndrus (2375): nap. *celenta –tra* rullo, soppressa.
cymatĭum: lomb. *simds'a*, ecc.; v. Miscell. nuziale Rossi-Teiss 408.

dēbĭlis*: friul. *in-déol*, Asc. I 529.
debĭtum –a (2408): a. gen. *deveo*, a. piem. *devia*, sopras. *deivet*, Ascoli, Arch. I 14.
decānus*: engad. *diaun*, giudice in cause matrimoniali; e v. Bollett. st. d. Svizzera it. XIX 152-3.
dĕcĭma*: friul. *gèsime*, sopras. *dieschma*, a. lomb. *dexma*.
decĭmāre: trent. *desmádro* decimatore.

---

(1) Il voc. bresc. del Melchiori ha anche *scuotano*, come voce italiana.

decŭrrere: lomb. *degóra*, Zeitschrift f. rom. phil. XXII 469, lcent. *degorre* stillare, friul. *dejorint, diurint*, correnti, e n'è come estratto *jorint*.

delectāre (2464): grig. *dalachiar*, Asc. I 122, ecc.. a. lomb. *delegiar*, Mussafia, altm. m., § 61.

delĕctus (2465): grig. *deletg*.

*****delīberāre** (2466): a. lomb. *delivro* libero, liberato, Seifert, o. c., 24.

delicātus (2467): valmon. *delia* magro, consunto.

deliquāre*: lcent. *dlighé*.

depōnere*: a. gen. *devoso*, Flechia, Arch. VIII 348, friul *devóni* abbacchiare (1).

derīsio*: engad. *draschun* onta, scherno.

derŭptus*: friul. *da- dirótt* ernioso.

desërtus -m (2520): emil. *dsért* misero, abbandonato, sopras. *dasiert, dsiert*, Asc. I 17.

desīderāre*; per la via di *desidrare **d's'idrare*, mi par che ben si possa a questa base ridurre il lcent. *žirá, giré*, come già proponeva l'Alton s. *siré*.

destrīngere: it. *distringere*, aait. *destrenze*, Giorn. st. d. lett. it. VIII 419.

dextrale (M.-L.): sard. *i- bi-* e *destrali*.

dilŭvium (2583): a. pad. *delubio*. L'*ú* per influenza dell'*i* in iato.

dirĭgĕre (2591. M.-L.): friul. *dirèsi*.

discens*; v. ancora Arch. XII 399, XIV 208.

divĕrsus (M.-L.): valsoan. *devés* capriccioso, Nigra, Arch. III 33.

divīnare*: engad. *ingiovinér*, sopras. *angivinar*.

domĕsticus (2263); v. Mussafia, Beitr. 50.

dŭcātus (2711): a. ven. *dogado* territorio sottoposto al doge, palazzo ducale.

dūcĕre*: levent. *dú'ća* viottolo in salita; sopras. *dutg*, engad. *duoch* = DŬCTŬ, Ascoli, Arch. I 35.

dúplicāre*: lcent. *doblié*.

dux (2738): ven. *dós'e*, a. ven. *dos* duca, Mussafia, Beitr. 52; ma il gen., col suo *dú'že*, par rispondere a *dūcem.

ebriācus (2746): friul. *vráje*, trev. *imbridga*, lollio, zizzania. — Notevole nel friulano, un *vreás*, ubbriaco, che par presupporre un *ebriāce.

ĕbulum*: friul. *jeul, ñeul*.

echīnus: lig. *s'in* riccio di mare, Parodi, Miscellanea nuziale Rossi-Teiss, 353.

elĕctus*: sopras. *lechia*, lcent. *lita*.

elīsus*: grig. *glis*.

elūcidāre (M.-L.): piem. *sludié* lampeggiare, [vald. *ejlúdi*, Arch. XI 376].

emŭngere (2967): ven. *smonto* smunto, esausto, lomb. *smont* scolorito *-ntá* scolorire *-rsi*, umbr. *smognerse* squagliarsi.

---

(1) Il part. è *davónt*, cioè *depōnitus; cfr. lomb. *pontá -dá* deporre, *deponitare.

epiphania (2824): engad., valbreg. *bavania*, lcent. *boagna*, ecc., Schneller, Rom. Volksm. I 243.

episcopus (2825): grig. *uvesch, uvaisch.*

eradicāre (2831). Nulla ci vieta di ricondurre a questa base, anzi che a quelle di cui il Kg. 42,748,42 nachtr., il valsass. *raigá* valtell. e tic. *regá,* valm. *rajĕ́* (1), sradicare, diroccare; v. Asc. I 285 n; IX 222; sopras. *rigiau* albero sradicato, *rigiada* gli alberi atterrati dalla tempesta.

*****erīca** (2838; M.-L.): bresc. *regogna* erica erbacea.

erinacĕus: campob. *'rendccę* rammendatura, D'Ovidio, Arch. IV 157.

errāre (2846): grig. *er*, Asc. VII 528, *ierr*, Asc. I 232.

*****erratĭcāre** (2842): a. lomb. *ragio*, piem. *ragi*, Giorn. st. d. lett. it. IX 340, sopras. *radi* dissenso.

*****erratīvus** (2844): engad. *radiv* errante.

erūca*: friul. *rúje.*

exaltāre: a. ven. *asautar*, Tobler, Pateg. 45.

exāmen (2871): sopras. *schaumna*, Asc. VII 412 n, tic. *sámen*, eng. *som, sem.*

*****exaquāre** (2873): piem. *seivé* inaffiare, sopras. *schuar* inacquare, engad. *saguar*, ecc., Ascoli, I 210.

*****excorticāre** (2924): sopras. *scorchiar*, engad. *scorcher.*

exemplum (2941): a. ven. *sempio -piare*, Mussafia, Beitr. 104.

exherbāre*: a. piem. *eiserbeer*, Förster, Gallo-it. Pred., gloss, gen. *scerbá* toglier dai campi le erbe cattive.

exīlis: engad. *deischel* (2) malaticcio, dilegine. V. all'incontrario, Meyer-Lübke, R. gr. II 405.

*****expĕrgĭtāre** (2985): sopras. *spert*, Asc. VII 549.

explantāre: it. *spiantare.*

explĭcāre (2995): sopras. *splajar* dipanare.

ĕxter (M.-L.): sopras. *iester*, engad. *eister.*

extĭnguere*: sopras. *stenscher, stenschentar.*

fabrĭca (3081): friul. *fárie* fucina.

facella*: piem., emil. *faséla*, bresc. *fras'éla*, engad. *fuschela* (Pallioppi).

facies*: sic., lecc. *facci.*

facŭla (3102): it. *fagola*, Arch. XIV 493 n, friul. *fále*, grig. *facla*, abruzz. *fárchia* fiaccola di canne, dove per il *r* va confrontato *fraséla*, e anche il *l* di **fla-* onde *fiáccola*, e forse, l'ant. *fálcola.*

---

(1) 'arbor *reigaret* vel ruinaret', nel cap. 25 degli Statuti della Valsolda (sec. XIV), che si leggono in Appendice alla Storia della Valsolda del Barrera (Pinerolo, 1864).

(2) È nel Carisch, come voce di Filisur. Per il *d-*, v. sopras. *dartúgl* s. 'articulus', *dumblig* ombilico.

falcīcula*: nap. *facecchia* falcetto, sic. *faucicchia*, levent. *faućiġa* (*faucigia* e *fugigia*, Arch. I 261).

fallāx: romagn. *falés*.

famēx (M.-L.): romagn. *fams* fiosso.

fata*: trent. *fada*, piem. *faj* e *afaj*, gen. *fuè*, emil. *fáda*, romagn. *fèu'a*, e v. Flechia, Arch. IV 384, friul. *fáde*, engad. *feda* maliarda, *fadiv* nemico.

fatāre: trent. *fadá*, friul. *fadá*.

fecŭndus: valsoan. *fondo* (?); v. Nigra, Arch. III 40.

fenīle (M.-L.): engad. *fanigl*.

fērculum: friul. *fièrclas*. È voce carniella, e v. quanto ne dice il Gortani (1): 'fas è quello che si porta con cigne dietro la schiena, ed è tenuto insieme da due telaj di legno, in forma di V chiuso, applicati al fascio stesso da due parti opposte e aventi le estremità riunite da funi. Questi telaj diconsi *fièrclas*, e altrove in Carnia *fièrcules* e *pramidòras*'. — Fors'anche, bresc. *fersél* specie di rete portatile.

feriātus: grig. *firau* -ō, Asc. VII 529.

fervens (3210): friul. *ferbint*.

fērvĭdus: friul. *fièrbid*, e spetterà pur qui *fièrbie* focaccetta.

festīnāre (M.-L.): sopras. *fastchinar*.

fetāre*: bol. *fdar*.

fex (M.-L.): a. gen. *fexe*.

*fībella (3220, 3222): vallanz. *favélla* astuccio, sopras. *faviále* fibbia, Asc. VII 547 n.

fīcārius: it. *ficajo* -*ja*, ven., romagn. *fighér*, piem. *fié*, sic. *ficara*.

fīcātum* (3223): engad. *fió*.

*fīdāre (3231): asit. *fiar*.

fīlictum*: trent. *farlet*, bresc. *falèt*, strame, friul. *falèt*.

flabellum (3293): sopras. *flavi* ventaglio.

flagellum*: reat. *fiaélli* (Campanelli).

flēbĭlis (3321): a. lomb. *fieure*, a. gen. *xeiver*, bresc. *fiègol*, grig. *flaivel*, friul. *flévar*, Arch. IV 336.

flectĕre*: abruzz. *flette* piegare, indurre (Savini).

flōrĭdus*. Per quanto si dice di questa base, giova ricordare che a Città di Castello è *S. Fiórdo*, S. Florido.

fōcāle: sard. *fogale* angina.

focārius (3355): ven. *fogher*, ecc., Mussafia, Beitr. 56.

follĭculus (3375): bol. *sfuleccia* buccia di frutto.

fōria*: piem. *sfgira*, levent. *sōjra*, Bollett. st. d. Svizz. it. XX 39, sopras. *fuéra* (Carigiet).

---

(1) Guida della Carnia (Firenze, 1898). Cito secondo la pag. 9 dell'estratto del cap. VIII (Linguaggi, usi e costumi), che ha numerazione paginale propria.

fornāx*: sopras. *furnaischa*.
fórsit (3406): ossol. *fọ̀ç*, livign. *fosc.*, gen. *fóscia*, a. pad. *fuossi –rsi* e *fussi*, bresc. *fos-bé*.
fracĭdus*: lcent., friul. *fraid*, a. ven. *frasio*, *fredo* Asc. I 464 n.
fraga: sopras. *fraja*, engad. *freja*, lcent. *frea*.
fragĭlis (3424): aait. *frdolo*, lomb. *frágol*, Arch. gl. it. XII 404, XIV 208 (1)
fringĭllus e -guĭll- (3463); non è facile discernere a quale delle due basi risalgano il friul. *frangiellu* e il nap. *frunzillu* (cfr. nap. *agnientu* unguento). V. ancora Mussafia, Beitr. 54.
frondĕus*: engad. *fruonzla*.
fumarĭŏlum: it. *fumajuolo*.
fumĭgāre (3501; M.-L.): lcent. *sfomić*.
fúnda (3507): friul. *fónde*.
fúrcula*: friul. *fòrcule* forfecchia.
furŭnculus*: tarant. *frúnchiu*, friul. *faròncli*.
fúscina*: gen. *fúscina*, friul. *fùssine*.
fustis (3513): sopras. *fist*, Asc. VII 409.

garrīre (M.-L.): it. *garrire*, lomb. *s'gari*, sopras. *grir* Ascoli VII 531.
gaudĭum*: a. lomb. *golzo*.
gelĭdus: tic., valtell. *želt* freddo gelato, levent. *žérad* gelo, berg. *zelt*, monf. *zere* gelo, sopras. *schielt*.
gemmŭla: lomb. *zèmbola* pollone, Asc. I 303.
genĕrāre: sopras. *schendrar*; cfr. franc. *engendrer*.
genĭtus*: nap. *gnenetá* generare.
gentiāna (M.-L.): levent. *zanžéna*, con *ž-ž* assimilati.
gerŭla (3661): grig. *schierl*.
gĭbbus (3668; M.-L.): nap. *gimmu*, cal. *jimbu*, sic. *jimmu*, romagn. *géb* gobbiccio, gen. *s'énbu*, côrso *žembu*, Guarnerio, Arch. XIV 407.
gladiŏlus*: piem. *giaieul*, lig. *aggiö'* (Penzig), dove *ǵ–ǵ* paion dissimilati colla soppressione del primo *ǵ*.
gladĭus (3681; v. anche 3679)*: lcent. *dlai* ribrezzo, brivido.
glarĕa (3687): grig. *glera*, friul. *glérie*.
glīs (3692. Nacht.): piem. *aghil*, lomb. *ghil* (Valsassina), dove è *ǧi = *ǧji-*.
gracĭlis (3729): sopras. *graschel* stretto, Asc. I 11, 45.
grădus (3732): sopras. *grau*, engad. *gro*.
grātus (3757): sopras. *grau*, engad. *gro*, grado.
gravĭdus*: engad. *gréfgia*, Asc. I 195.
gravĭtūdo: sopras. *gravadigna* pesantezza, affanno.
gregāre: valses. *greghée* governare il gregge.
gregārius: giudic. *griér* pecorajo; gregge; Gartner § 181.

---

(1) Basso-eng. *frail?* V. Pult, 67.

habitare*: grig. *avdá'r*.
halāre*: roman. *aláre* sbadigliare.
halēc (421): nap. *alice*, d'Ovidio, Gröber's gr. I 23.
hamus (3867): sopras. *om*.
hāra: pav. *drla*, Meyer-Lübke, Rom. gr. II 472.
hereditāre: sopras. *artar*, Ascoli, Arch. I 50.
hoc annō (3950); v. Mussafia, Beitr. 23-4.
honorābilis: a. it. *orrevole*, aret. *orècole*.
honorāre*: sopras. *hundrar*, Ascoli, Arch. I 47, eng. *ondrer*.
horolŏgium (3998): friul. *orlòj*. Il tosc. *oriuolo* viene qui per la via di *orolojo *orojolo *orijólo.

ilex (4072): sard. *ilighe*. Ma il sic. *ilici* potrebbe andar colla voce toscana, così come a questa si accompagna il ven. *éles'e*. Reat. *lecina* (Campanelli), abr. *lecine*, *alginu*.
illectāre: sopras. *illechiar -chiantar*.
illūmināre (4083): lcent. *loné*.
imāgo (M.-L.): a. it. *mánia* effigie, *-niato* (1), a. lucch. *mággine* Pieri, Arch. XII 125, a. gen. *emmaien*, engad. *imégna -ígna*.
imperātor (4121): lcent. *imparadú*.
imperatrīx (4122): a. ver. *emperaris*.
impetīgo (4127): lucch. *pitiggine*, nap. *petinia*, cal. *pitiina*, lcent. *ampedin*, *pedin*.
impius: it. *émpio*.
incendĕre*: sopras. *antschender* bruciare, friul. *incindi* frizzare.
incensum (4168): engad. *inschais* Asc. I 173.
incĕptum: sopras. *antschetta* principio, Ascoli, Arch. I 18.
index*: abruzz. *lécene*, per **l'énnece*.
inductilis*: romagn. *andrugla*, salsiccia matta, per la via di *anduilla, ecc.
infectāre (4245); v. *infegatas* (=*infec-*) ammalate, infette, Bollett. st. d. Svizz. it. XIX 157-8.
infringere (4268): friul. *frénži*, Ascoli, Arch. glott. it. I 526.
infundere*: roman. *infusso* asperso, bagnato.
inguen (4293): tarant. *éncida*, friul. *lénžit*, v. Meyer-Lübke, R. gr. II 21.
inimīcus (4300): lomb. *nemis*, friul. *nimî*.
inīquus*: grig. *initsch* invidia, disfavore, q. *inicius.
insīpidus; col prefisso sostituito, si vede nel mirand. *dsévad*, romagn. *dséved*, *indsivdi* rendere insipido.
insŭlsus (4358): engad. *insus* (bassoeng. *isūs*), lcent. *insg'uz* Asc. I 367 n.

---

(1) V. invece, Caix, St., num. 44, Meyer-Lübke, It. gr. § 249.

intellĕctus (4366): sopras. *antelleg* intelletto.

*****intībeus**: trent. *andibia*.

intīma*: levent. *léntuma* fodretta, friul. *léntime* tela da far fedore, *intiméle*.

inveterāre: a. lomb. *invedrir* prender radice, invecchiare.

invĭdia (4420): a. it. *inveggia*, it. *biżża*, Parodi, Romania XXVII 238, nap. *'mbizza*.

invītāre*: emil. *invidar*, aait. *inviar*, grig. *anvidar*, *ivider*, lcent. *invié*; e v. Mussafia, Beitrag 51, 95.

involāre*: sopras. *angular*.

irrigāre (M.-L.): engad. *argier* irrigare.

*****januella** (4458): nap. *jenella* soglia, davanzale.

jejūnium: sard. *deùnzu*, *diùgnu*.

jŏcāri (4465): engad. *giovèr*.

jŭgulum (M.-L.): romagn. *zoigh*, *źolyh* *źoglo*, giogo.

junctūra: it. *giuntura*.

juvenālis: sopras. *juvnál* discepolo.

juvĕncus*: nap. *jencu*, levent. *źwénč* vitello di due anni.

juventus (4511): sopras. *giuventegna*, deviato morfologicamente su -ūDO.

lacūna (4622): tosc. *laguna* spazio vuoto in una scrittura; v. Arch. XIV 483 n.

lăcus (4623): canav. *lę*, tic. *laj*, *lęj*.

laetāre (Nachtrag 4628ª): giudic. *ladar* concimare, levent. *sur-ladę́*, engad. *alder*.

laetus* grig. *led*.

lantĕrna (4671): lcent. *lunčérna*, Asc. I 373.

lapāthium*: piem. *lavássa*, friul. *lavázz*.

lapsăna (4678): sic. *lássana* cavolo selvatico, romagn. *lássan* rafano selvatico.

latīnus*: grig., lcent. *ladin*, detto della loro 'lingua'. V. Gartner, Räto-rom. gr. XIX-XX.

latrāre (4698): grig. *ladrdr*, *le-*, lcent. *ladrè*.

latrātor: a. gen. *lairaor*.

lătus*: ven. *ladi*, *lai*, gen. *lou*, a. pad. *lo*.

latus -a (4702): sopras. *lad*, engad. *led*, Asc. VII 411.

lauri baca*: grig. *orbaga*, *urbéja*, lcent. *robégola*.

legūmen (4743): veron *liomi*, friul. *liüms*, soprasass. *liema*, Ascoli, Arch. glott. it. I 72 n. Dell'alto-it. *lem*, ecc., v. Zeitschrift f. rom. phil. XXII 474.

lentĭcula (4754): a. pad. *lintechia* (Ruz.), teram. *lintecchia*, mant. *lantécia*, mirand. *lintéccia* (ma *caviccia* = cavicchia, ecc.), poschiav. *antéglia* (Monti 373). L'accordo delle quali forme collo sp. *lenteja*, pone fuori di dubbio la continuazione dell'ĭ.

lentīgo (4755): engad. *lantigna*.

lĕpra (M.-L.): a. gen. *levera*, friul. *lèvre*.

leprōsus: it. *lebbroso*, engad. *alvrus*, aait. *leuroxia*, Arch. XII 411, engad. *alvrusia*.

***leviāre** (4771): pis. *lebbiare all-* scaricare la merce da un bastimento, Pieri, Arch. XII 154, aait. *alebiar* ib. 386, sic. *alliggiari* (1), parm. *alibar*, lomb., ven. *libá -àr*, alleggerire le barche di parte del carico (2); sopras. *lefgiar*.

līber (4782): a. sard. *liero*, v. lo Spano s. 'lièru'; e il Rolla (Secondo saggio) manderebbe pur qui il log. *liuru* (Sp.: *liùru*) alto, ben tornito, ben fatto.

līberāre (4784): aait. *livrar* finire, Seifert, Gl. zu Bonv. 42, Flechia Arch. VIII 365, emil. *livrer*, monf. *livrée*, com. *livrá -brá*, levent. *lurá*, engad. *glivrer*, sard. *illierare* sgravarsi.

lĭcēre (4789): romagn. *alsir* agio.

licĭnium*: a. lomb. *lesigno* filaccica. Occorre l'esempio in un documento pubblicato in Bollettino st. d. Svizz. it. XIX, p. 125 (*l'aveva ancora uno lesigno in una piaga*); gen. *lexin* lezzino.

līcium (4792): sard. *lizzu*, logod. *littos* (plur.) (3), sopras. *letsch*, *glitschs*, friul. *lizz*.

līmen*: lcent. *lim* soglia.

līmes* (M.-L.): friul. *linde* gronda, tettoja, valcanobb. *li'nda* sponda di campo.

limitāris (4822): levent. *limadę́* soglia, friul. *middl* id.

līmpĭdus*: friul. *limpi*.

lĭngere*: sard. *lintu*, nella combinazione omioteleuta *lintu e pintu*; v. Guarnerio, Arch. glott. it. XIV 397; vallanz. *lę́ngia*, friul. *lenzi*, partic. *lent*.

lĭquāre*: *slingué*, *sleivé*, *sloé* sono di tutto il Piemonte, e v. ancora valsoan. *hlaivár*; sopras. *luar*, engad. *leucr*, alguer.

lītus (4856): ven. *lido*, *lio*.

līvĭdus*: a. gen. *livio*.

loba*: canav. *lǵoa*, emil. *ngóla*.

lŏcāre (4868): astig. *aloé* accomodare, engad. *lover* collocare, bres. *lugá* giungere.

lōtium; v. s. 'lūteus'.

lūcēre (4900): sard. *lughere*, piem. *lü's'e*, engad. *lüschair*.

lucĕrna (4901): piem. *lüs'ę́rna* lucerna, gen. *lüxerná* abbaino, romagn. *lusarné* lucernata, engad. *liüscherna* lampo.

---

(1) Qui anche *lèggiu* leggiero, che è anche napol. (*lieggiu*), abruzz. (*lèbbe* piano), campid. (*lebiu*), e gen. (*légiu*). Un *LEVIU doveva trovar particolar sostegno nel plur. LEVIA.

(2) I Diz. di Marina accolgono *libare* come voce italiana. Se legittima, sarà importata da Venezia.

(3) Così ha lo Spano nella parte ital.-sarda; nella parte sardo-it., invece: *litos*.

lúcta (4911): sopras. *luchia*, Ascoli, Arch. I 35 n.

lŭctāre (4912): sopras. *luchiar*, Ascoli, Arch. I 35, 87.

lūcus: côrso *luku*, Guarnerio, Arch. XIV 137.

lŭmbulus*: bresc. *mómbol*, friul. *ómbol*.

lŭtāre*: a. veron. *lodare*, *aloar*, letamaro, v. C. Cipolla, Nuove consideraz. sopra un contratto di mezzadria del sec. XV (Verona 1892; p. 77-8).

lŭteus*: sard. *luzzu* orina, vallanz. *luzza* sterco, per i quali anche si può pensare a LŌTIUM. — Fuorviato poi dal bellinz. *šlọz*, e dal sassar. *lọ́zzu*, dove l'*ọ* può essere il legittimo riflesso di *ọ* (cfr. bellinz. *pọz* pozzo, ecc.; e per il sassar., v. Guarnerio, Arch. XIV 137), ho io qui posto a torto più forme (1) che tutte hanno l'*ọ*. Del che mi fa giustamente avvertito il Horning, Zeitschrift f. rom. phil. XXII 486, il quale proporrebbe alla sua volta un ben accettabile *LAUTIUM. Cf. ancora il romagn. *lòzz* (*lọzz*) untume.

lūtra (4948): trev. *lodra*, grig. *luodra*, friul. *lódre*, Mussafia Beitr. 74.

lŭtum*: fior. *lotume* lordura, abr. *láutę*, engad. *lut*.

macellārius (4959): gen. *maxellá*, piem. *maslé*.

macellum (4960): a. it. *magello*, gen. *maxello*, piem. *masél*, sard. *magheddare* maltrattare il bestiame.

macĕria*: lcent. *magīra* mucchio di sassi.

machĭna (4964): lucch. *mṻina* Pieri Arch. XII 121, sard. *maghina* bica, mucchio, valtell. *másna* macchina, grig. *muschna* mucchio, dove l'*u* sarà per influenza di *muschnar*.

*machināre (4967): grig. *muschnar* ammassare, ammucchiare.

maeniānum: roman., cal. *mignano* loggia sporgente fuori della casa; v. D'Ovidio, Arch. IX 68.

magīa: sard. *majia*; *majarzu* stregone.

magistrātus: basso-engad. *mastraus* dotto, maestro (2).

malleŏlus (5022); M.-L.): tic. *majö'* battacchio, valtell. *maöl* randello, -*la* tempella, parm. -*jœul* mazzo, maglio.

mallĕus (5023): engad. *maigl* maglio.

mandūcare (5048): sard. *mandugu* camangiare.

manēre*: grig. *maneir*, engad. *mananter*.

mansio*; par derivarne il basso-eng. *maschnar*, accudire (a), disimpegnare; cfr. *maschnera* s. 'mansionarius'.

mansionārius*: basso-eng. *maschnera* fantesca.

---

(1) Vi andrebbe aggiunto, secondo il Finamore, l'abruzz. *lòżżę* melma. Ma la cosa non parmi che corra troppo liscia.

(2) Così traduce il Pallioppi, ma dal passo di Campell che egli allega, se n'indurrebbe meglio quello di 'autorità, magistrato'.

mansuetūdo: sard. *masedúmen*, Asc. XIV 343.
manŭa (5087): tic. *mána*, lcent. id.
marīnus (5118): lig. *men*.
martes: sard. *marta*.
masticāre (5153): tic. *mastiję̄*, sopras. *mastiar*, engad. *mas-cher*.
mataxa (5157): sard. *madassa*, trev. *maassa mad-*.
matĕries*: engad. *madèr* grosso tronco d'albero.
matrīx*: romagn. *madrisa*.
matūtīnus (5177): friul. *madins* Asc. I 531, sopras. *moginas* ib. 55 n., VII 544 n, engad. *mo- mudinas*, lcent. *madvines*.
mēcum ecc.: it. *meco, teco, seco*, emil. *megh* ecc., aait. *conmego -meo, -tego -sego*, sard. *megus* ecc.
mediānus (5188): piem. (Alba) *midàn*, la correggia che unisce i due bastoni del correggiato.
medicāre*: engad. *meger*, friul. *medeâ*, lcent. *medié*.
medicīna*: sopras. *medeschina*, friul. *medesine*, lcent. *medegina*.
mĕdicus*: sopras., friul. *miedi*, lcent. *méde*.
*mēlum (5027; M.-L.): gen. *mei*, piem. *meil*.
mendāx: basso-eng. *mandáš -ža*, difettoso. Così il Pult, o. c., 90; ma a spiegarci il significato, gioverà ammettere che nella voce si sia immesso *menda*.
mendīcus: it. *mendico*, a. lomb. *mendigo*, sard. *mendigu*, romagn. *mindigh* esile, dilegine.
mentīre (5237): sopras. *manchir*.
mercēs (5248): grig. *merschei*.
meridiāre: tosc. *meriare*, onde *méria* meriggio, luogo ameno, ombra di un albero, it. *meriggiare*, tic. *maranżę* ruminare, friul. *miriâ*, riposare (delle bestie).
meridies*: lcent. *meri* riposo delle bestie nelle ore calde.
meritāre*: nap. *merdare*, aret. *mertére*.
mĕritum*: grig. *miert* (Pall.).
mĕrum (5266): romagn. *mrèll* vinello.
mĕssio*: valmagg. *moçóm*.
mĕssis (5270): lecc. *miessi* luglio.
mēta*: tosc. *mitále*, v. Fanfani, U. Tosc., friul. *mède, medil*, bresc. *médol* catasta del ferro, *madasch* (*-sk*) massa di frasconi.
metāre*: tosc. *metato*, Arch, XII 131, Fanfani, U. Tosc.
mētula: canav. *melja, meja*, Nigra, Arch. XIV 371. E qui spetterà pure il bresc. *mecol*, mucchio, bica; vuoi che sia **méhl[o]*, cioè **mékla* fatto mascolino, vuoi che si tratti di un deverbale da **mekldr* = **metulare*.
mīcula*: trent. *migola*, engad. *micla, mievla*, sopras. *schmieulas*.
minăre (5309); si vede sempre il dittongo nel sopras. *meina*, ecc.
minuĕre (5311): bresc. *méngol* ermafrodito, romagn. *méngol* e mirand. *manvin* (dito) mignolo.

mirāculum*: *mŭrę́ć*, specchio, l'ho udito io stesso nell' alta Leventina.
mŏlere*: grig. *moller*, partic. *miút* sottos., Asc. I 133.
mollicellus*: lcent. *morgèll*, ecc.
mŏllis (5380): sopras. *miel* umidità.
mŏnachus*: friul. *muini*, lcent. *móne*, santese, e v. Bollett. st. d. Svizz. it. XIX 160.
mŏrbidus (5407): aait. *morbio n-*, mil. *s'mǫ́rbi*, ecc., Seifert, Glossar zu Bonv., 48, sopras. *miervi* Ascoli VII 536.
mŏrbus (5409): engad. *mörf* Ascoli VII 536.
mŏrsus (5421): sopras. *miers*.
mūcidus: friul. *mùsar* odore di mucido.
mŭlctra*: lcent. *mótra* secchio del latte, friul. *multrin* luogo dove si mungono le pecore.
mulctrārium: lcent. *moltrá* vaso del latte.
mŭlier (5459): romagn. *mogl*; sard. *mullere*, lecc. *mugghiere*, sopras. *mulgêr*.
multitūdo: abruzz. *muldetùnie*, ecc., q. 'moltituggine', [sp. *muchedumbre*].
mūs (5495): sottos. *mir*, engad. *mür*.

naevus*: romagn. *ni*.
natāre*: friul. *nadá*.
natūra (5556): basso-eng. *nadüra* conno, Pult. o. c. 89.
nĕpeta*: piem. *anèta* nepitella.
nĭvere*: lcent. *nei, nevei*.
nŏcēre (5626): lomb. *nos'i*, piem. *nòns'e*, stregare, sard. *nóghere*, engad. *nuschair*.
nōna*: bresc. *núna* mezzogiorno (Melchiori App.).
nŏta*: sopras. *noda* segno.
notāre*: sopras. *nudar* segnare.
notārius: a. lomb. *noer -dher*, mil. *nodée*, aret. *notćo*, romagn. *nodér*, notajo.
nŭcella*: engad. *nuschè*, giudic. *nužéla* malleolo.
nŭcētum: it. *noceto*.
nŭceus*: nap., tarant. *núzzu, -lu*.
nudiustertius (M.-L.): sopras. *stiarzas*, sottos. *stersas*, Asc. I 126.
nŭmerāre*: sopras. *dumbrar*.
nūntius*; è ovvio capire come quest'unico esempio di *ūn*+cons. (v. D'Ovidio, Gröber's gr. 508 n) sia stato attratto dai molti in *ŭn*+cons.
nuptiātor: basso-eng. *noattzaduór*, Asc. I 236.
nŭra*: levent. *núra*.
nutricāre*: levent. *nüdrijḗ*.

oblĭgāre*: friul. *obleá*.
*oblītāre (5693): sopras. *amblidar*, Asc. I 110-11.

obraucātus*. nap. *'bbrugáte* D'Ovidio, Arch. IV 410, 159.

obtūrāre (M.-L.): it. *turare*.

obviam*; v. ancora Nigra, Arch. XIV 372; il Guarnerio, ib. 422, aggiungo i sard. *avia, òbia*, e il Rolla manderebbe qui il sard. *abboja* incontro.

octōber*: sic. *ottúvru*, engad. *uchuer*, friul. *otó* Asc. IV 348 n.

ŏlēre*: friul. *noli, nuèli*.

ŏlōr (5739): friul. *nulòr*.

operārius (5747): bellun. *orer* Cavass. II 382, lcent. *ord, auré*, Asc. I 368 n.

opĕrculum: sopras. *uvierkel* coperchio, engad. *vierkel*, ecc.. posch. *vélclo* (1), Asc. I 219, 284 n. La stessa base nel bresc. *liverg* *l'op-, coperchio, cui sta allato *rivercol* = *liverclo; v. Melchiori, App.

oppilāre*: roman. *appilare*, campob. *appelá*, D'Ovidio, Arch. IV 158.

orbĭta*; v. ancora Schneller, Rom. Volksm. I 242.

ŏrcus*. Secondo il Biondelli, Saggio 74, *ŏrc -ca* (2), cretino -a, sarebbe pur milanese.

origănum: it. *régamo*, nap. *récheta*, D'Ovidio, Gröber's gr., p. 505.

ovīle (M.-L.): giudic. *guil*, soprasass. *ovil*, engad. *ovigl*.

pabŭlāri: sopras. *pavlar*, engad. *pavlanter*.

pabŭlum*: grig. *pá- pével*.

pacātio: a. lomb. *pagason*.

pactum*: sopras. *patg*.

palam (5831): engad. *palais*, grig. *palantar -er*, Asc. VII 506 n; v. ancora Arch. XII 419.

pallĭdus (5834): piem. *spáli*.

palpĭtāre: sard. *palpidu* palpitu.

pandĕre (M.-L.): friul. *pándi*, e v. Mussafia, Beitr. 27.

panĭcum (5856). Dubita l'Asc., IV 353, del friul. *pani*, che potrebb'essere *pani*. Nè credo d'altra parte che abbia ragione il Mussafia (Altm. m. § 63) di leggere *pánigo* in Bonvesin, volendosi allora *pánego. C'è invece un valtell. *pánik* che potrebbe qui spettare, ma anche venir dichiarato in altro modo; v. Studi di fil. rom. VIII 28 n.

papāver*. Correggi in *pupó'ra* il vogh. *puvó'ra*, e circa a *popolána* ecc., persisto a vedervi de'riflessi popolari (3) della voce latina, malgrado il Morosi, Arch. VIII 421. Son pure di riduzione popolare, il giudic. *pávar*, il lcent. *pavá *pavár *pavder*. V. ancora Mussafia, Beitr. 86.

papĭlio*: friul. *pavèje*.

---

(1) L'assimilaz. di *r* al successivo *l*, anche nel posch. *scelclo* cerchio.

(2) Correggi in *ortga* il sopras. *orca*.

(3) La persistenza del -*p*- è dovuta alla reduplicazione; e del resto, ridotto questo a *v*, si veniva a un *pavávero non meno cacofonico di 'papavero'.

parabŏla (5879): grig. *praula, parevla*, friul. *peraule*.
paradīsus*: a. gen. *pareysu*, a. ven. *paraiso*, lcent. *parais*.
parra*: nap. *parrella* cingallegra.
partīre (5908): sopras. *sparchir*.
patiens (5947): romagn. *pazēnt*.
patientia (5948): mil. *pašénza*.
patĭna*: abr. *plátene*; v. Mussafia, Beitr. 87-8, Meyer-Lübke, It. gr. 171. A torto vedrebbe il Gartner (1) nel friul. *plådine* uno slavismo; e, al postutto, soccorrerebbe meglio il gr. πλάθανος teglia.
pavōr*: piem. *páu*, bresc. *pòra*, lcent. *pòra*.
pecūlium: romagn. *bgój*.
pedŭnculus: sard. *peuncu* pedule.
pĕlagus*: romagn. *pèlgh*.
pendĭculus (v. Klotz): romagn. *pindégola* bandolo, *pindégol* penero.
pensĭlis (6021): a. it. *pésolo*, abr. *pésele* pensile.
percĭpere*: friul. *imparcèvisi* accorgersi, engad. *parschaiver*.
perfŭndere: lcent. *sperfógne -figne* sciacquare. Asc. I 360 n.
perīculum*: aait. *perigolo*, a. pad. *prigolo*, sopras. *priguel*, engad. *prievel*, lcent. *prigo*, friul. *spirigulâ*, lcent. *sprigoré*, impaurire.
perīre (6043): sopras. *pirir*.
perticārius: romagn. *parghir* aratro, abr. *pertecáre*.
pervĭnca*: sard. *bruinca* ecc.; Rolla Sec. Saggio 39.
pĕtĕre (6095): nap. arc. *pezzire*, di cui è rimasto ora il solo ger. *pezzendo* (2).
petrosĕlinon (6098); v. Mussafia, Beitr. 87.
pĭcula (6123; M.-L.): abr. *pécule*, engad. *pievla*, friul. *pèule*, pece, e riverrà pur qui, attraverso *péola il crem., emil., tosc. *piella*, Mussafia Beitr., 28, Arch. XII 131.
pĭger*: mirand. *pègar*, valtell. *pègru*, friul. *péri* Asc. I 526 n, engad. *paiver*, lcent. *pdigher*.
pĭleus (6135); v. Guarnerio, Arch. XIV 404.
pĭnguis*: sopras. *pieung* strutto, engad. *paing* burro, valbreg. *pęnk* id.; friul. *penz* spesso, grasso.
piscīna*: ven. *pissina* pozzanghera, sopras. *pschina* puzza.
piscīnula: lucch. *piscilla*, Pieri, Arch. XII 131.
pisĭnnus: lucch. *pisigno*, Pieri, Arch. XII 132.

---

(1) Rätor. gr. 32. — Altre voci friulane sarebbero qui date come d'origine slava, così *scravâzz* e *rázze*, delle quali v. però Zeitschrift f. rom. phil. XXII 469 n, 475. Di *rázze*, v. ancora Pott, Die Zigeuner II 271, e già l'Ascoli, St. orient. e ling., fasc. III, p. 335 n, ne aveva affermata l'origine neo-latina.

(2) Passato poi, insieme a *pezzente*, anche nel lessico italiano.

pistrinārius*: sopras. *pasterner*, e v. Mussafia, Beitr. 90.

pistrīnum (6180): sopras. *pistreng*, e v. Mussafia, Beitr. 90.

pīsum*: tosc. *peso*. Circa all'*i* del sard. *pisu*, esso tanto può stare per *ī* quanto per *ĭ*; e il ven. *biso* avrà l'*i* da un antico plurale *bisi*.

planctus: it. *pianto*, a. lomb. *plangio*, Mussafia, altm. M. § 61.

plantāgo (6201): trev. *piantásene*, friul. *plantáñ*, Asc. I 526.

platănus*: nap. *chidtano*, e forse, romagn. *piadanèla* favarella.

plēbs* (1): grig. *plef*, *plaif* comunità, friul. *plev*, lcent. *plī*, romagn. *pi*.

plectus*: sopras. *plichuira*, Mussafia, Beitr. 47 n.

plōrāre*: sopras. *plirar*, il cui *i* ben s'accorda coll'*u* delle forme alto-italiane (v. Arch. glott. it. XII 421) e del tosc. *piurare*, che però allora non sarebbe dovuto, come io ho pensato, alla combinazione *jǫ*, lcent. *plorár*.

plūres: sopras. *plirs*.

pondus: gallur. *pundac̄u* incubo, Guarnerio, Arch. XIV 402.

pontĭculus: sard. *pontija* passatojo.

pŏpulus*: a. piem. *povol*, a. gen. *povo*.

pŏrrum*: friul. *puàrr*.

pŏrtula*: bresc. *porcia*; ma non vedo la ragione dell'*ú* del valdisc. *púrcia* piccolo cancello di capanna.

possĭdēre: aait. *posseer*, it. *possedere*.

pŏtens: a. ven. *podente*, a. lomb. *poente*.

praebenda (6313): march., a. gen. *provenda*, sopras. *pervénda*.

praecōnāre (6316; M.-L.): a. lomb. *apregonar*, *pregonadore*, Seifert, o. c. s. v.

praecordĭa: gallur. *prikǫgḡi* coratella, Guarnerio, Arch. XIV 150 (2).

praedicāre*: gallur. *sprikkd*, Guarnerio, Arch. XIV 404, grig. *predgar*.

praesaepium: grig. *presépen* groppia, friul. *presèp* catapecchia.

praesēpe*: giudic. *parśif*, lcent. *presęu*, Asc. I 330, e, passando per 'trabacca' o altro di simile, riverrà pur qui il friul. *triseef*, presepio, Asc. IV 341.

promissio: a. lomb. *promesson*, Bonv. D 88.

prōnus*: sopras. *emparun* 'halbliegend' (Carigiet), dove, per l'*a* epentetico, vanno veduti *farein* freno, *galonda = glonda* ghianda.

provĭncia (6423): a ven. *provencia* Asc. III 250, romagn. *provénza*.

pugĭllus (6441): abr. *pujille* pugno.

*pŭlēium (6445): piem. *poliót*.

pullicēnus (6452): l'*ē* si continua nel sopras. *pluschein*, Ascoli, Arch. I 14.

pūpa: ven., mant. *púa*, bresc., berg. *pōa*, pupattola.

pūtĭdus (M.-L.)*: sard. *púdigu* puzzolente (Rolla); friul. *pudièse* puzzola, cioè *putidensis, e ne proverrà pure l'a. ven. *puiesse pueso*, Mussafia, Beitr. 91.

---

(1) È sintomatico per i criteri del Körting, che l'it. *pięve*, dove la ragione del *ię* è ben nota, lo induca a postulare PLĒBS.

(2) La caduta del *r*, per disimilaz. di *r-r*, pare ripetersi nel pur gallur. *pruvegghiu* proverbio (logud. *proverzu*).

quaerĕre*: friul. *ceri*.
quatĕrnum (6553): a. lomb. *quaerno*.
quiētus*: tic. *quéd*, friul. *ced*.

rāca*: sopras. *rágla* abito da festa, *ráglia* vestiti.
racāna*: bresc. *raganel*, ecc. Lorck, Altberg. Spr. 184.
racēmus (6602): calab. *racina*, veron. *arzimo*, bresc. *rœzem -zemi* raspollo, lcent. *ružim*.
radīcula*: gen. *reigua* (Parodi), bresc. *redégg* radicchio, friul. *ardile*, Asc. I 531, *radigle*.
*ranŭculus (6649): sic. *ranugghiu*, engad. *ranuoigl* rene. Asc. I 141.
răpax*: a lomb. *cani ravasi* (Bonv. D 163), brianz. *ravasia* frenesia, manía; v. Cherub. IV Giunte; engad. *ravaschia* baccano, tumulto.
rapīcius*: it. *ravizzone*, sassar. *rabazzóni* Guarnerio, Arch. XIV 402, grig. *ravitscha*, friul. *ravice*.
rapīna: friul. *ravine* ajuola seminata a rape.
rāpum*: lcent. *ré*.
raucus (6695): emil. *roch* rantolo, engad. *roch*, Asc. I 206.
rebĕllāre (6710; M.-L.): aait. *reuelar*, *reuello*, Arch. XII 426, XIV 213, friul. *revelâ* rivoltare lo stomaco, tollerare, *rivièll* resistenza, raccapriccio, Asc. I 490, tic. *a revél* a controvoglia, engad. *ravell* 'rebellisch'.
rebĕllis: a. emil. *rivelle*, v. il Novacula (ed. Mazzatinti) II 89.
rĕcens*; v. Mussafia, Beitr. 95; friul. *resint*, engad. *raschaint* (nel modo *nouf raschaint* nuovo di trinca). Il Pallioppi gli dà come sinonimo *resch*; e sarà un nominativo da mandare col rnm. *rece*.
*recentāre (6718): engad. *ardschenter*.
recĭtāre (6721): sopras. *resdar* Asc. VII 545.
recollĭgere*: friul. *ravuèj*.
recordāri*: sopras. *ragurdar*, engad. *algurder*, friul. *riuardâ*.
recŭperāre (6730): chiogg. *regroar* Zeitschr. f. rom. ph. XXII 469.
recŭrrere: it. *ricorrere*, lcent. *regorrer* stillare.
redĭmere: sopras. *rademberr* ammassare.
reflĕxus: friul. *rifièss*, **rifliéss*, riverbero, riflesso; riflessione.
refódere*: Il friul. *rivièss* (all. a. *rifuèss*), propaggine, dev' essere **rivuèss*, = REFOSSUS, commistosi a una antica continuazione indigena di REFLEXUS ripiegato (v. qui sopra s. 'reflexus').
refŭndere: it. *rifondere*, friul. *reonzi* (particip. *reont*) rifondere. L'Ascoli, I 503, par che inclini a vedervi un composto di JUNGERE, certo in causa dello *-zi*; ma cfr. *strafonzi* all. a *strafondi*, bagnare, *pógni* all. a *póndi* 'porre' sdrajare, *perfigne* qui sopra s. 'profundere'.
rēgia (6773): aait. *reça*, Arch. XII 425, XIV 213, vic. *reza*, lcent. *reje* ecc., Schneller, o. c. 246.

regīna*; v. Mussafia, Beitr. 92.

rejectāre: it. *rigettare*, sic. *riggittari*, aait. *rezitar*, v. Seifert, o. c. s. 're-smuliar', Bonv. D 57, emil. *arztár*.

remĭgĭum: it. *remeggio*.

remordēre: it. *rimordere*

*remulcāre (6814): gen. *remorcá*, sard. *remulcare*.

rēmulus: engad. *rembel* remo, *rembler* remare.

remŭndāre: it. *rimondare*, lomb. *remondá*, emil. *armondar*, lcent. *romenné*.

repausāre (6827): sopras. *ruassar*.

replēre: friul. *replí* appagare, saziare.

repōnere*; per il sard. *rebustu*, v. il nap. *repuosto*, credenza, a tacere dell'it. *ripostiglio*.

resplendēre*; v. anche Mussafia, Beitr. 95.

resuscĭtāre (6871): a. lomb. *resustar*, Bonv. C 38, 52, D 29.

retrōrsus -m (6888): friul. *re-* e *radrós* rovescio, sard. *redòssu* restio; e v. Nigra, Arch. XIV 376.

rĕus (6891): lcent. *ri -ia*.

re vērā: valmon. *ravairas* infatti (v. Carisch App.).

rĭgidus*: a. gen. *inrezeir* irrigidire.

rīma*: grig. *rima -mma* screpolatura, fessura.

rĭngo (6934): friul. *rénzi* (1) strillare.

rōbīgo (6956): sopras. *ruina*, Asc. I 95, engad. *arvigen aruñgen* ib. 174.

robŭstus (6959; M.-L.)(2): friul. *ri- re-* e *ravòst* rubesto, rubicondo.

ronchāre (6974): ven. *ronchizar* russare, friul. *roncea* id., tic. *ronh* rauco, ecc., Mussafia, Beitr. 96.

rotulāre*: sopras. *rodlár*.

rŭbeus*: piem. *róbi* rubizzo.

rŭdis*: friul. *rud* ? V. Ascoli I 500.

rūdus*: engad. *arüd* strame, friul. *rudine* ghiaja, *rudinazz* calcinaccio.

rūmāre: abruzz. *rumá* ruminare.

rŭmex*: piem. *róns'a*, dove il *s'* distoglie dal pensare al franc. *ronce*.

rūta*: friul. *rude*.

rutābŭlum (7048; M.-L); v., per le forme alto-it., Lorck, 188, aggiungendo il venez. *riaolo*, da cui poi l'it. *riavolo* (3), il giudic. *radablu*.

sabīna (M.-L.): sopras. *savina*.

sabūcus*: sic. *savúcu*, friul. *saüt*, Arch. I 513, vald. *sö'ük*, Morosi, ib. XI 355, giudic. *saü'*.

---

(1) L'*e* dev'essere un errore, e si tratterà o di *rènzi* o di *renzi*.

(2) Il M.-L. vorrebbe popolare l'it. *rubesto*. Ma e il *-b-*?

(3) L'it. avrebbe un riflesso popolare nel *rattavello*, con cui il Boerio traduce *reaolo*. Ma e donde l'ha il B.?

sacramentum (7066): grig. *sarament*, ecc.

***saetacĕum** (7071): lomb. *sedás*, piem. *siác*, gen. *se- sidsso*, emil. *sdazz*, sopras. *sedatsch*.

saetŭla*: sopras. *seicla* (Carigiet).

sagīmen: friul. *sain* strutto.

sagīna: tosc. *saggina* e *saina, saindle, sanale, sainétta*, sard. *saghina, saina*, ecc., v. Rolla, Sec. S., 96.

sagĭtta (7081): berg. *séita*, grig. *seita, saita*.

sagĭttāre (7083): a. ven. *sitar*, Mussafia Beitr. 106, sopras. *sittar*, lcent. *sittè*.

salicētum (7092); v. Asc. XIV 342 n.

salĭctum*; v. Asc. XIV 342 n; romagn. *salét* ripa appiè degli argini, ecc.

salīre (7094): sopras. *saljir* Asc. VII 411.

sălsus (7107): eng. *sos* amaro (Pall.).

saltuārius*: levent. *sautéj*, engad. *suter* pignoratore. E a Ginevra, era pure chiamato *sautier* un funzionario pubblico.

sanguinĕus (7130): sard. *sambinzu* fusaggine.

sanĭtās (7137): engad. *sandèt*.

sapĭdus (7144; 3010): emil. *dsáved* insipido.

sarcŭlāre*: lcent. *sertlè, sarquiér*.

sarcŭlum*: friul. *sarclútt*, lcent. *sertl, sérquie*.

sarīre*: bellun., friul., lcent. *sari -ir* sarchiare.

saritōrius*: lucch. *sartójo* specie di sarchio.

satŭllāre*: sopras. *sadulár*.

scalprum (7199): grig. *s-chálper -en* scalpello.

scandŭla (7209,: levent. *sc̆ándra*, lcent. *scidnora*, friul. *sc̆hándule*, tegola di legno.

scapŭla: friul. *sc̆áble, sc̆aglár* scapulare, spallino, Asc. I 515, 516, lcent. *s̆ábla* ib. 362.

scientia (7266): mil. arc. *senza*, nel modo *fa senza* far sapere (*fammi senza = fammi a sapere*; v. Il Borghini, ann. 1874-5, p. 373).

scintĭlla (7268): nap. *scentella*.

scrōfa*: engad. *scrua*, friul. *scròve*, romagn. *scróva*.

scrōfulae*: piem. *scróle*, friul. *scroulę* e *scrèule*.

secāle*: ven. *segdla*, mant. *sgála*, romagn. *sghéla*, friul. *sidle*, lcent. *sidra*.

sĕcta (7332): sopras. *schétga, tschétga*, bosco in bandita. Il *s̆-* par accennare a *ex-*; se pur *secta* non s'è confuso con **excepta**. V., del resto, altri casi di *s̆-* da *s-* ap. Ascoli I 63.

sector: piem. *seitór* falciatore, lcent. *settù*, friul. *setór*, sopras. *sechiur*, Asc. I 47, 524. Si vede poi il nominativo nell'engad. *setter* (1).

---

(1) *seitre*, falciatore, trovo nel Dictionn. niçois di J. Pellegrini (Nizza 1894).

secundāre*: sopras. *savundar*, engad. *sgunder*, friul. *seondá*.
secŭndum*: aait. *seondo*, friul. *seónd, seóntri*.
secŭndŭs*: friul. *seont*, romagn. *sgond*.
secūrĭtās (7338): it. *sigurtà*.
secūrus*: lucch. *seguro*, friul. *sijùr*.
*sedentāre (7341): ven. *sentar*, sopras. *schentar*, Ascoli, Arch. I 63.
sedĭmen*; v. ora, Zeitschrift f. rom. phil. XXII 474 n.
semĭssis: it. *sommesso*, gen. *simessu*, ecc. Mussafia, Beitr. 107, Meyer-Lübke, It. gr. § 153.
semĭta*; nell'a. verban. ò *semeda*, non *senda*; berg. *senda* sentiero tra i campi, biasch. id., sentiero brutto di montagna (1), friul. *sémide* viottola.
separāre (7379): a. lomb. *sevrar*, grig. *zevrár, savrer*.
sĕquĕre: che *suénda* qui spetti, è posto fuor di dubbio dal sinonimo *seguenda*, ch'è di Bodio (Leventina).
sĕra: aret. *sierla*, Caix, Studi, num. 569.
sērĭcus (7402): cal. *siricu* baco da seta.
serōtĭnus: parm. rust. *zródel* autunno, Malaspina IV Giunte, friul. *seródin*.
sĕrra (7411): friul. *siare* sega.
sĕrum (7418): sard. *seru*, lomb. *se- sarǫ́n*, tic. *srü'da* ecc., Gloss. d'Arbedo s. 'südria', friul. *sir*, bresc. *siro*, sopras. *schirun*, engad. *sarün*, pav. *salon*, gen. *sássu* latte cotto, rappreso, poi compresso per farne uscire il siero.
servĭtium (7424): sopras. *survetsch*, engad. *servézzan*; romagn. *servisir -siévol* servizievole.
sevērus (7433): aret. *sivę́ro*.
sībĭlāre (7442): friul. *sivilâ*.
siccĭtas*: engad. *seschda*.
*sīderāre (7453): tosc. *sidro* freddo eccessivo, aait. *sidrado* ecc., Arch. XII 431 s. 'sirrao', piem. *sirá -ésse*, giudic. *sidrá* macilento, grig. *schirer, -raunchia*, sopras. *schirau*, Ascoli VII 547.
sigĭllum*: friul. *siel*, Arch. IV 340.
signāculum: arbed. *siñdwru* segno, cenno, grig. *sinavel* ecc., segno della croce, Asc. VII 503 n.
sĭlex*: eng. *salascher* selciare, lcent. *salegé*.
sīlīgo (M-L.): garden. *seḷiń* frumento.
sĭmplus (7475): sard. *scimpru*, lomb. *sémpi*, ecc., engad. *saimpel*.
socĭābĭlis: *sozaulo*, partecipe della soccita, si legge in vecchi Statuti del contado bresciano.
sŏlēre (7587): engad. *sulair*.
solĭculus*: friul. *soréli*.

---

(1) La voce biaschese potrebbe tuttavia andare anche col tic. *süénda*.

sŏlium*: friul. *suéj*, Asc. I 508.

sollĭcĭtus*: romagn. *solèst* (Mattioli) sollecito; cioè *solèsd, tirato, per la desinenza, su *unèst* e consimili. — Ma non ispetta qui il piem. *sūstós*, ecc.

sonchus*: bresc. *soncú*.

sŏrbēre (7620): engad. *süérver*.

sordĭcula: sard. *sordigosu* sordido, *insordigare*.

spatŭla (7653): friul. *spáddule* spalla.

splēn*: grig. *splem* Asc. I 65 n.

stabilīre (7725): sopras. *staflir*, Ascoli, I 198.

stabĭlis (7726): a. lomb. *stavre* Bonv., levent. *stáuru* fermo.

stabulārium: friul. *staulīr*, Asc. I 485.

stabŭlum* (M.-L): abruzz. *stábble*, levent. *stębi*, e lomb. *stabjél* porcile.

stadium (7730): ven. *staza*, friul. *staze*, Ascoli, I 53 n.

statēra (M.-L); v. Mussafia, Beitrag, 110.

statio (7751): a. it. *stazzone*, a. ven. *stazon*, ecc., Mussafia, Beitr. 110, còrso *stazzóna*, Guarnerio, Arch. XIV 404.

statūtum: a. sen. *staduto*.

sterĭlis*: a. lomb. *sterla* f. sterile, Seifert, o. c. 70.

stĕrnĕre*: a. lomb. *sternio* Giorn. st. d. lett. it. VIII 423, lcent. *sterder* ecc. Asc. I 370 n, friul. *stiérni*. Nè mi sento di negare il carattere popolare dei tosc. *strato* gremito (di frutti che coprono il suolo; cfr. l'arbed. *stęrn*) e *stratato* sdrajato, disteso a terra, che sono nel Fanfani, U. tosc.

stillĭcĭdium: sopras. *stellischein*; e v. Nigra, Arch. glott. it. XIV 380-81, Alton s. 'stercēies'.

stīpes: piem. *stibi* (1) tramezza.

stirĭcĭdium*; v. Nigra, Arch. XIV 380-81.

struntus (M.-L.): friul. *strunt, strint*.

subbŭllīre (7855): ven. *sobogir*, friul. *sabuli*, Asc. I 506.

subcavāre: it. *soccavare*.

subclamāre: it. *socchiamare*.

*subitānus (7868): a. ven. *sotan*.

subjúngere: it. *soggiungere*.

sublūstris*: friul. *so-salústri* chiarore passaggiero in cielo annuvolato, aret. *silustrére ars-* apparire il sereno attraverso le nubi.

submĕrgĕre: it. *sommergere*, tic. *zmérz* andare a precipizio (delle bestie), grig. *schmerscher, schmerdscher* precipitare, abbattere, friul. *somièrzi* sommergere, sottomettere.

submōnēre: piem. *smúǵe* esibire, offrire, a. gen. *semosi*, Flechia Arch. VIII 389, a. ven. *somonir*.

submŏvēre: it. *sommuovere*.

---

(1) Ha allato a sè *stębi*, di cui non mi so render ragione.

subrĭgere: it. *sorréggere*, coll'*é* del primitivo.
sŭbter: a. gen. *sote*, Flechia, Arch. VIII 391.
subtīlis (7895): engåd. *stigl*.
subtrahĕre: it. *sottrarre*.
sūbula (7903): teram. *subble*, campob. *suglia*, grig. *sŭvla* ecc., friul. *sŭble*, lcent. *sibla*; e v. Nigra, Arch. XIV 381.
succŭmbere: it. *soccombere*.
succŭrrere: it. *soccorrere*.
succŭtĕre (7911; M.-L.): mil. *se- sŭcŭdi*, sopras. *saccuder*, friul. *sacodá*, Asc. I 109, 180 n, 506.
sūcus*: levent. *sŭj* succo, sopras. *schig*, Ascoli, I 77.
sūdāre (7921): ven. *suar*, sopras. *suar*.
sūdor (7922): ven. *suór*, sopras. *suúr*, *savúr*.
suffrago -ĭnis: friul. *sofrágn*.
suffulcīre*: lugan. rust. *seffŏlte* carico.
sŭlpur: grig. *suolper*, lcent. *sólper*, friul. *sòlpar*.
sūmere*: lucch. *sumicare* colare, stillare; v. Arch. XII 133.
sŭmmus*: sopr. *si sum* ecc. Asc. VII 550, friul. *insomp* in cima.
supplantāre: it. *soppiantare*.

tabŭla*: mirand. *tábbia* pezzo di legno da ardere assai grosso, levent. *tabjél* specie di asse rotonda sulla quale si depone il cacio, friul. *tábli* scolatojo. Ma il sinonimo piem. *tajǫla* ci avverte che qui non ispetti il gen. *tággia*.
tabulātum*: engad. *talvó*.
tamdĭu (8027): lcent. *tandī*.
tarmes (8056): a. ven. *tarmena*, Mussafia, Beitr. 114, e v. Meyer-Lübke, R. gr. II 21.
taxus (M.-L.)*: sopras. *taisch*.
tectōrius: ital. *tettója*.
tĕmpora (8089): friul. *timpli*.
tĕner (8101): *tendro*, ecc., è diffuso per quasi tutta l'Alta Italia.
tĕpulus*: friul. *clipp*; nap. *topiello* tepiduccio.
terrēnus*: lcent. *terregn* sgombro di neve.
thalămus (8158): abr. *táleme* barella che regge la statua d'un santo.
thēca*: grig. *taja*, *teja*, engad. *tiatsch* buccia.
titus (M.-L.): sard. *ti-* e *tudone*, basso-eng. *tidun*, colombaccio. Della voce latina e de' suoi riflessi sardi, v. anche Wölfflin's Archiv II 508.
tomentum*: veron. *tomenti* fiocchi della lana tessuta, romagn. *tmēnt* stoppa della prima pettinatura della canape.
tŏxicum* (M.-L.): grig. *tiessi* ecc., friul. *tuéssi*.
tradúx*: parm. *trávsa* pénzolo. Ha poi ragione il Rolla di qui ricondurre

il sard. *traigadu* sermento con grappoli; *tráughe* poteva facilmente deviare in *tráighe* (1), e quanto al suffisso, cfr. il tic. *tros'áda*.

trămes: mirand. *trámad* androne, spazio fra due filari d'alberi.

trans (8310): sopras. *tras*, *atrás*, Ascoli, Arch. VII 552; e vi si connette il lomb. *tras'á* sciupare; v. Bollett. st. d. Svizz. it. XIX 168-9.

transīre*: poschiav., bresc. *tresenda*, *-anda*, ecc. Studi di fil. rom. VII 231, Schneller, o. c., 207.

transĭtōrius: friul. *tresedòr* sbarra che chiude l'ingresso in un campo cinto da siepe.

trecenti*: friul. *tresinte*.

trĭdens*: sopras. *tardenn*, engad. *triainza*, forca.

trĭfĭdus (2): it. *tréfolo*, aret. *tréfano*, lucch. *tréfina* treccia, Pieri, Arch. XII 134, romagn. *trévan* trefolo.

trĭlīx*: engad. *traglisch*, friul. *terlis*.

trītĭcum*: sopras. *tre- triedi*, dove però è irregolare la vocale tonica.

tŭmŭlus (8425): lecc. *túmmenu*, Morosi, Arch. IV 134.

*tŭrbŭlāre (8436): sottos. *trouló*, Asc. I 140.

turdēla: tosc. *tordela*, carpig. *sturleida*, (Giglioli).

tŭrma*: friul. *torme* branco di animali.

tŭrtur (8446): pav. *dóldra*.

tūtāre (8452): piem. *tua* tutela.

tūtor*: a. gen. *tuor*.

tympănum (8456): aret. *témpono* postione.

ūber* (M.-L.): sopras. *liver gli-*, Ascoli, Arch. I 32.

ūlex (8446): piac. *ü'las* nebbio (3), parm. *ules* id. (4).

unguĕntum*: nap. *agniento*. Ma l'a. lomb. *ungent* sarà più verosimilmente *unǧent*.

urbs; mi si lasci ricordare che un ms. pavese del sec. XV, di proprietà del signor conte Cavagna-Sangiuliani, ha ripetutamente *vicario in orba* 'vicarius in urbe', cioè, parmi, il 'cardinal vicario'.

ūrere: berg. *ü'ra* prurito, che dev'essere un deverbale; parm. *ariust* tizzone, Flechia, Del nome Ariosto, pp. 7, 8.

ūrna*: lcent. *orna* secchio.

*ūstĭum (5795): lomb. *üṣ́*, valcanobb. *inṡ̌ö'* finestra. Ma è dotto il lomb. *üṡ́*, così come son dotti *béṡ́a* bestia, *criṡ́ǎn* cristiano, che s'odon qua e là per la Lombardia (cfr. *brü'ṡ́a* all. a *brü'stia* spazzola).

---

(1) Sovviene però anche il *trauice*, di cui in Wölfflin's Arch. II 132.

(2) Il Meyer-Lübke, It. gr. § 153, preferirebbe TRIFĪLIS. Ma non mi pare che la difficoltà dell'accento si levi tanto facilmente.

(3) Comunicaz. del prof. Gorra.

(4) L'accordo di queste forme colle spagnuole conforta l'ū. Andrà quindi ricercato perchè devii il bresc. *üles* (ǵ-).

ustūra: engad. *ustrir* (1) arrostire.
ūva (M.-L.): lomb. *ü'ga*, ossol. *ǫ́va*, ecc.; sopras. *jeva* uva, ugola, Ascoli, Arch. I 33.
ūvula (M.-L.): lomb. *ü'gora*, *ü'rgula* (2); piem. *ivola* (3).

vacŭus*: *vago*, *vano*, *vuoto*, nella Raccolta di voci romane e marchiane (Osimo 1768), e vi spetterà anche *vaco* -*go*, acino, detto imprima dell'acino vuoto.
vadum*: sopras. *vau*.
vagīna (8552): ven. *vasina*, piem. *véna*.
vagīre (M.-L): a. ven. *vaçando* (vag-), Asc. III 284.
vallus*: friul. *valâ* vagliare.
vannus*: sopras. *vonn*.
vărius*: lcent. *vèr* logoro, frusto.
varus: sard. *aru* forcina (Rolla).
vectūra*: sopras. *vichira*.
vehĭculum*: aret. *vièguelo* erpice, sard., còrso *békulo*, sard. *vikulu*, culla, Guarnerio Arch. XIV 407; e qui riverrà pure, molto verosimilmente, il basso-engad. *veula* carro da due ruote.
ventrĭculus (8623): a. ven. *ventrichi*, engad. *vantrigl* polpaccio, Mussafia, Beitr. 118.
veratrum*: bresc. *velât*, levent. *valadrüj*, piem. *varairo*, *vraro*, *vraio*, alla quale ultima forma (di cui v. Miscellanea nuziale Rossi-Teiss 414) si riconnetterà, per la via di *vrá-o*, il lig. *vrágu* (Penzig). Se pur non si tratti di *vrágru*; cfr. il veron. *falagro*.
verāx*: engad. *uresth*, Asc. I 202 n.
verbascum*: trev. *barbásco*, sopras. *tazzun barbau* tasso barbasso.
verecŭndia (8636): aait. *vergonza*, Arch. XII 439, friul. *vergònze*.
vĕrgĕre: engad. *verdscher*, giudic. *vérǵar* capovolgere con forza.
verĭtas (8639; M.-L.): nap. *verdate*, sopras. *vardat*, friul. *vartad*.
verrūca*: grig. *virü'ja*, Asc. I 205, *virücla*, *vricla*, e v. Parodi, Romania XXVII 220.
vĕrtex*: engad. *viertsch*, *verscha*.
vestīre (8670): sopras. *vastchir*.
vetāre*: engad. *vader* rifiutare.
veterānus*: a. triest. *vedrana* Asc. IV 365-6.

---

(1) Potrebb'essere dal semplice ustus, con *r* inserto come in *stratüt* statuto.
(2) È di Bellinzona; e lo si spiega per la via di *ü'gra*, *ü'rga*.
(3) Per la forma piem., si potrebbe ricorrere anche a līgula, pensando a *tivola* 'tegula' pianella, vald. *çiolo* cipolla, di cui più sopra s. 'caepŭla'.

vĕtus*: sopras. vèder, engad. veider.

vĭbŭrnum*: piem. viorn -na, lig. burbuneis'e, di cui v. Parodi, Romania XXVII 240.

vīculus*: perug. viguele vicolo, fabrian. vigoletto.

vĭgĭl; si vede nel -vegl del sopras. mar-vegl, Asc. I 66 n, VII 534.

vīmen*: trev. limana, piac. vii'mna, Gorra, Dial. di Piacenza, § 13 n.

vīnāceus -a (8729): it. vinaccia, lomb. vinds, sard. binatta; sopras. vinatscha bacca del crespino.

vīpera (8744): sard. pibera, grig. vivra.

vĭrgula (8750): friul. vérgule il bastone del correggiato, basso-eng. riercla verga.

vĭsĭtāre (8765): a. ven. visidar, grig. vischdar -er, contraccambiare un convito (Carigiet), visitare e regalare la puerpera (Pallioppi).

vīta (8769): sard. vidda, eug. anvider accendere (cfr. piem. vishé).

vītex*: parm. vidza.

vĭtĭcula*: romagn. vdèc vilucchio, engad. vadéglia ricciolo.

vītīneus: it. vitigno.

vĭtĭum (8778 M.-L.): grig. vez; o c'è anche l'aggett. vez abile, scaltrito, che richiama 'avvezzo'.

vĭtrum (8786): sopras. vèider.

vĭtta (8788): pis. vettula Pieri, Arch. XII 159, lcent. vétta nastro.

vīvārium: it. vivajo, ven. viéro, ecc.

vŏlāre: gen. sgheuâ (sgheuo volo), e l'ô ritorna pure nel pavese rust.

vŏlūta*: parm. vludga convolvolo arvense.

vōtum*: aqit. voho, ven. invódo, engad. vut, vuder, friul. vodá.

zĭngĭberi (8941): it. zenzévero, ecc., Mussafia, Beitr. 121, Pieri, Arch. XII 160 n.

Printed by Libri Plureos GmbH in Hamburg, Germany